시들지 않는 것들

시들지 않는 것들 이든시인선 **139**

채영석 시집

이든북

| 서시 |

창가에 앉아
망망대해 위에 뜬 기억의 조각 같은 별들 꼭 껴안아
외롭던 나그네의 마음에 빛 밝혀두면
어둠 저 너머의 그리움이 다가와
지 얘기 들어달라고 똑똑 두드리죠

맘 살포시 열어두면
내게로 꼭 안겨
때 묻지 않은 수다꾼처럼
스스로 무너졌던 지난한 외로움들
한 송아리 쏟아내곤
이방인처럼 별찌되어 떠나가죠

여전히 난
어둠을 무르며 이 궁리 저 궁리
고갯방아 찧어가며
가냘픈 詩作의 길을 내지요

2024년 5월
어둠이 가시지 않은 서천의 하늘 아래서
채 영 석

| 차례 |

서시 ——————— 5

제1부 / 서글픈 비밀이 쌓여간다

바늘꽃 피다 ——————— 11
바지랑대 ——————— 12
생일에 ——————— 13
와우 ——————— 14
대야 ——————— 15
월명산 소낭구 ——————— 16
안부 ——————— 18
울타리 ——————— 20
세종대왕 ——————— 22
선도리 바닷가에서 ——————— 23
외딴집 감나무 ——————— 24
파고를 넘으며 ——————— 25
그리움 ——————— 26
가을이슬 맺힌 날에 ——————— 27
가을이 지다 ——————— 28
두엄 ——————— 29
웅천 미륵모탱이에서 ——————— 30
들꽃 ——————— 32
눈엽 ——————— 33
빈집 ——————— 34
블랙아웃 ——————— 36
바람개비 ——————— 37
민들레 영토 ——————— 38

제2부 / 뿌옇게 보이다

조바심	41
메별	42
씨알	44
산그리메	45
봉선저수지	46
홀로 사랑	48
목선	49
장항 송림	50
함부로 붉히지 마라	51
인정	52
풍경	53
정읍 황토현에서	54
길을 나서다	56
해루질	57
하현달	58
한길	59
이심전심	60
산벚꽃이 필 때면	61
넋두리	62
낯꽃	63
물끄러미	64

제3부

시들지 않는 것은 붉다

홍원항 등대	67
축배	68
겨울나무처럼	69
겨울 그리고 봄	70
흠뻑	71
가난한 시렁	72
나무가 커가는 데에는	73
유희	74
청보리밭에서	76
상현달	77
연인	78
먼발치	80
사랑, 그 유사어	81
동행	82
오춘기	83
겨울 감나무	84
집을 나서다	85
호랑가시나무 옆에서	86
남포오석	87
발우	88
저물녘에	89
허수아비 그리고 나	90

발문 | 안도 문학평론가 ─── 91
　　길은 내어 가는 것이다

제1부

서글픈
비밀이
쌓여간다

바늘꽃 피다

무텅이면 어떠냐는 듯
피었지 넌
하늘빛이 맑다고
세상이 참 곱다고
예쁜 것만 봤지

가만가만한 바람에도 생긋 웃듯
피었지 넌
세상 웃을 일이 많다고
예쁜 미소 짓는 것만 봤지

그러고 보니
세상 예쁜 것도 웃을 일도 지천인데
나만 모른 척하며 살았더라

바지랑대

나, 다시 태어난다면
저처럼 와서
원 없이
하적거리며 살란다

어깨에 걸친
무게가 버겁다 한들
매일반인 것 같이
그윽하게 향기 자아내며 살란다

빨래 걷어진 자리에는
하늘 걸쳐놓고
무념으로 하적거린들
볼썽사나운 게 뭐 있겠는가

이따금 고추잠자리에게
우듬지 내주어
함께 하적거리는 것 또한 즐겁지 않은가

생일에

세상이 궁금하여 나온 거라 들었는데
세상 살아보니
밖으로 내보내진 거였더라

생일에
따스한 밥 한술 뜨는 것이
엄마 품에 있을 때와 같더라

숟가락 놓으면
다시 나가봐야 하는 게
숙명이더라

와우

저 맞닿은 데가 얼마나 먼 지 여린 눈이 아는 듯
질려서 무너지는 것이 마음뿐이겠는가
삭정이인 듯 맴 속으로 숨어든 왜소함에 가냘픈 미소마저
잃은 육신이 후들 주저앉는다

와우! 어딜 가니?
하늘이 닿은 데에!

*와우蝸牛 : 달팽이

대야

하늘을 담아내는
넌 누구냐

하루도 그윽할 날 없는 이 마음
티끌 하나 없기를 쫓고 쫓건만
말건 날은 손에 꼽힐 뿐인데

명지바람에는 잔물결치고
뜬구름에는 그늘 드리우고
하늘빛에는 끝 모를 쪽빛 물들이는
허물이 허물 아닌 듯

자신을 내어주는
넌 누구냐

월명산 소낭구

푸르른 것들
누굴 닮아가나 했더니
바다다

잔바람이 징허기도 했을 날들
누굴 담아냈을까 했더니
바다다

세상일 견뎌내어 추스르는 것들
누굴 닮아서일까 했더니
바다다

막막히 구름 한 점 핀 별일 없는 날들
누굴 바라보나 했더니
바다다

한 자밤의 바람에도 푸르른 것들
뭘 흩날리나 했더니
한 몸 된 바다 너울이다

애써 잊으려 했던 것들
무작정 벗어나려 했던 것들
무심히 잃어버린 것들
앞서려 발버둥 친 것들
더께 묻은 소소한 것들
모아모아

월명산 소낭구 곁에
나를 두면
밋밋한 바다 내음이라도 묻어날까

안부

바람이 불어오네요

그 겨울의 표피처럼 잎사귀 더께는 번들거리건만, 봄
무심히 지나는 나그네처럼 소리 없는 꽃망울들 터트려 놓네요

이도 잠시였네요

길섶 풀잎들의 것지르는 결기를 세세히 보지 못한
판교천 물결의 봄빛 머금은 잔망을 지그시 보지 못한
하늘빛의 하늘거림을 일기예보의 짓궂은 장난으로만 본
이 모든 것이 몸짓이었다는
계절이 조용히 사위어져 갔다는

오늘에서야 보이네요

늘 진달래 꽃잎 같은 빛깔이
때로 푸르른 싹들의 생기발랄함이
가끔 하늘빛의 하늘거리는 축복이

당신의 하루하루에 닿아
가슴에 촘촘히 물들여 놓기를요

울타리

마음이
선을 그어놓으면
담이 되니
희한하단 말이에요

어릴 적 울타리 없이 살았는데
선이 없었던 적은 없었던 듯해요

무심코 그 선을 밟거나 넘어서면
멍멍이까지 발 벗고 나서
지켜내려
무진장 애썼죠

그렇게 하지 않으면
멍멍이는 밥그릇은 고사하고
부지깽이로 무척이나 혼났죠

어찌 보면 멍멍이도 다 아는 선
사람이 몰랐다고 넘어선다는 것은
말이 안 되는 일이 되죠

혹여나 해서 이런 사람을 위해
넘지도 말라고
넘보지도 말라고
담 노릇할 나무 울타리를 심어두죠

오늘
저 먼 데에다 나무 한 그루 심었어요
까치발로도 넘보지 않았으면 하는 마음으로요

한참 나중에
능소화꽃 피거들랑
배시시 넘겨보면 돼요

세종대왕

 반가운 마음에 허름한 봉창을 뒤져본다. 아이들 손에 구겨진 얼굴을 쥐여줬다. 이내 총총거리지 않는 몸짓으로 흩어져 간다. 아이들이 돌아왔다. 손에 쥔 얼굴의 주름이 더 깊어졌다. 불쑥, 쓸데가 없다고 건넨다. 누구라 할 것 없이 속상한 그늘이 미간에 가득 번졌다. 건네려는 아이와 받지 않으려는 어른 간에 손사래 치는 몸짓과 그 주름의 허우적거림이 허공을 난다. 찰나로 외톨이 된 기분. 쓸데가 없다며 눈망울 갈쌍거리는 아이들에게 졌다는 듯 그 얼굴을 다시 봉창에 구겼다. 그분, 속주름같이 보일 듯 말 듯한 서러움이 뭉근하지 않을까.

선도리 바닷가에서

뭍에서 온
빈 병 하나
낯선 듯
갸웃거린다

몸조차 가누질 못하는 삶에 대하여
방황하는 궤적에 대하여
바람이 흔들어 놓는 풍파에 대하여
멈춰지지 않는 미련에 대하여

저 멀리서
불립문자로 건너오는
찬란한 잔물결 윤슬
도도하다

썰물에 무동 탄
빈 병 하나
먼바다를 꿈꾸며
선도리 앞 바다를 떠난다

외딴집 감나무

이슬이 맺히는 시간
발걸음에 걸려 넘어진 어둠은 길섶으로 사위어가고
누구보다 먼저 당도해야 할
그 외딴집엔
외튼 적막이 경계병처럼 새어 나와
깜냥 컸던 키는 순간으로 무너지고
종종거렸던 걸음마는 고양이 앞꿈치처럼 사뿐댄
어슴푸레한 녘에 넘어지지 않는 것은 없었다

밤새 외로워서
널브러진 떫은 것들
오싹한 반가움이란 게
너와 내가
한평생 안고 가야 할
서글픈 비밀이 되다

여전히
어슴푸레한 세상일에 넘어지지 않는 것은 없었다
홀로 한평생 안고 가야 할
서글픈 비밀이 쌓여간다

파고를 넘으며

어둠만이 별을 깨우듯 부딪치고 넘어져도 희망을 싹틔워 준
어둠에 길을 내듯 내 안의 꺼지지 않는 등불인
어둠을 가다듬어 추스르듯 수백 번 수만 번 읊조린

주름진 자장가!

오늘도 막막해진 마음 부여안고
어둠 낀 세상일 속으로 디딜 때마다
아스라이 들려오는 그 음성, 어머니!

그리움

동이 훤하게 밝아진 이 시간
엄니는 당신의 주름진 세월을 잊은 채
남새밭 한 두렁을 거뜬히 일구고 있을 시간
창틈 사이로 든 선한 공기 들이마시며
내 동생이 쓴 詩를 한 구절 읽는다
詩 속에는 엄니도 보이고 아부지도 보이고
다 보이더라

오늘은 이 한 구절만 보고 싶다

* 나의 작은형 형석으로부터 온 편지에서 발췌함

가을이슬이 맺힌 날에

한없이 높았던 빛줄기가 곰살맞게 내려앉는 민들레 꽃잎 같은 오후, 바람은 가누는 잎새에 속삭이듯 '욕봤어' 하면 기고만장한 잎사귀는 '턱도 없어' 하고는 바람을 툭 친다. 이렇게 시작된 몸싸움이 북녘의 모퉁이에서 일었다가 남녘의 민둥산자락에 이르도록 등 푸른 이파리들 어깨를 건 대동으로 타오른다. 그러고는 바람은 지나친다. 이내 아무 말 없이 가을은 헛헛한 눈망울 붉히듯 잎새에 머문다. 여명이 빚은 서글픔이 스며든 이슬처럼 이도 잠시다.

가을이 지다

하늘빛
속절없이 가슴에 파고들어 지우고픈 것들 찬란히 갈쌍거리는 빛깔로
맑은 그리움 터쳐놓고

뜬구름
아득한 남녘에서 피어올라 나에게로 오는 모습
당신인 듯하여 그리움 돋고

선들바람
긴 꼬리 단 가녀린 구름에 얹어진 저물녘 너머로 사위는 모습
이 또한 당신인 듯하여 눈망울 붉혀놓고

가을
철딱서니 없는 것들 사철 푸르다고 으쓱댈 즈음, 붉혀진 우듬지 잎새의 마지막 날갯짓에
시퍼렇게 멍든 하늘마저 총총 인사를 나눈다

두엄

그 집안 구석진 곳, 묘같이 생긴 자리에선
엄동 내내 스멀스멀 열기가 피어올랐다

여름 내내 푸르렀던 것들
날단거리도 되지 못한 채
그 도린곁에 층층이 쌓이어
저처럼 삭히게 될 줄 어찌 알았으랴

세상살이에 닳고 닳은 듯
시퍼렇게 날 선 세 치 혀로 악다구니하게 배설한 것들
희뿌옇게 사위어가는 줄만 알았지
제때 삭혀본 적이 없었다

잠 못 들어 뒤척인 것들
세월에 기대어 곰삭는 줄 모르고
세상살이 다 그렇다는 듯
발롱발롱 살아가는 中…

웅천 미럭모탱이에서

깜짝 놀랄 비밀 하나 말할게요
웅천읍 대창리 미럭모탱이에 미륵이 살아요
말없이 서 있을 뿐인데도
내 안으로 음성이 닿아요
마치 "몸은 어떠신가"하고 묻듯요
그러면 마음이 절로 합장하듯 숙연해져요

정화수 떠 놓은 정갈한 그릇과 과일이 놓여있죠
예전에 엄마가 했듯
누군가의 정성이 거기에 닿아 있네요
아마도 무병을 빌었을 듯해요

풍문에 의하면 눈에 용하다는 소문이 나서
한 줌씩 긁어가다 보니
미륵 눈이 뻥 뚫리고 말았네요

 궁리 없이 혜안을 얻으려는 사람 욕심이 극성을 부린 것이
겠지만요

그래서인지 절간은 잃어버렸고 찾아오는 스님도 없는
웅천읍 대창리 미륵모탱이에 쓸쓸한 홀로이지만
여전히 합장 중이네요
"당신이 건강하기만 빌어요"라고 말 건네듯이요

들꽃

들꽃이 이사 왔다
으리으리한 정원이 아닌
남새밭과 뜰이 구분되지 않는 나름의 뜰에
홍일점으로, 그런데도
풀 죽어
괜히 왔나 싶은가 보다

마냥 남 보듯 할 순 없는 일

눈길 주기
발걸음 장단 들려주기
앉아서 어제와는 다른 모습을 찾아주기
한 식구가 되어주기

그러지 않으면 만만한 들풀이 될 뿐

눈엽

이백 년 살아온 널, 별거인가 하는 생각이 들었다가도
백 년도 못 사는 날, 깨단하여 우러러본
푸르른 잎사귀들의 하늘거림이 찬란해지더라

생각이 생각을 불러들인 것, 별거인가 하는 생각이 들었다가도
한 씨방에서 난 싹도 갈래를 치곤 하는데
볕이 들었을 때, 그 새싹의 가녀린 그 반짝임이라는 게
온새미로 환희였을 터, 곱씹어 보면 어느 것 하나도 푸대접할 게 없더라

때로는 발아가 물컹했을지라도
그 싹이 겪게 될 풍파의 운우雲雨가 낯설면서도 얼마나 새뜻할까를 생각해 보니
그 모든 거에 첫 처음이 달라붙더라

마치, 여린 잎이 명지바람에도 파르르 떨리는 첫 경험처럼

빈집

울 밑에 핀 부추꽃
집주인 마음 담아낸 듯
복욱하게 웃는다

그 집, 대문이 청색이다
색이 빛바래져
아무개네 집이 아닌 것 같아
낯설게 들어서면
마당을 가로지르는
널따란 돌이 징검다리인 듯
띄엄 띄엄
정갈히 놓여있다

그 걸음 뗄 때마다
바랭이 석류풀 질경이
환호의 파도 타듯
어깨를 으쓱거린다

대청마루에는

이빨 빠진 솔빗 자루
홀로다

거기에 앉아 있노라면
이따금
사람 그림자 닮은 모래 윤슬
은결 일렁이듯 훅 들어와
생뚱맞은 눈시울 붉혀놓는 것도
예전 그대로다

인기척만 없을 뿐
다들 잘 있더라

블랙아웃

소주 한 잔 따라놓고
옛일 한 점
소환했다가 큰코다쳤다

식지 않은 것은 들여다볼 일이 아니었다
삭혔다고 해서 휘저어 볼 일도 아니었다

소주란 녀석은 어지간한 개구쟁이가 아니더라
식었던 것을
삭혔던 것을
소곤소곤
해맑은 감정으로
시들지 않게 끓여놓더라

애꿎게 된 소회만
기억 너머에서 자맥질하다가
아련함마저 마비되더라

이만한 부작용은 없더라

바람개비

참 불쌍한 존재야
지 힘으로 할 수 있는 게 하나도 없으니
몸이 있어도 지 몸이 아닌 게지

바람개비 앞세워
걷는 아이
뛰는 아이
빙빙 도는 아이
입김 부는 아이
손부채 하는 아이
옷자락으로 펄럭이는 아이
바람이 불어오는 사방을 찾는 아이

다들
제 몸이 나는 듯 해맑다

아이들은 안다
바람개비처럼 날려고 태어났다는 것을

민들레 영토

민들레야, 넌 민초가 누군지 아느냐?

간지럽히는 산들바람에도
스산한 바람이 불어와도
언 땅에 눈발이 쌓이어도
짓밟히고 짓이겨져도
허리가 접히는 고통에도
모가지가 꺾이는 절망에도
숨구멍 같은 손길이 사라져도
묵묵히
그래서 그래서
 거기 사는 이가 누군지 모르는 이 없도록 마냥 견뎌온 이가 민초란다

민들레야, 네가 거기 있구나!

제2부

뿌옇게
보이다

조바심

둘이 먹는 밥이라
짓는 게 수월할 것 같아도
전혀 그렇지 않습니다

여전히
한 톨이 익어가는
시간은 변한 게 하나 없으니까요

그렇지 않으면 설익습니다

조바심은 밖에 있지 않습니다

몌별

세상 겁날 것 없는 듯
서로 물고 뜯고 파먹던
망나니 같은 사랑

타다가 재가 될 줄 알았나 본데
그런 일은 일어나지 않는 거란 걸
귓등으로도 듣지 않던 사랑

그 생, 그렇게 살다가
쉽게도 떠나버린 사랑

그 못난 사랑
잊지 말라고
하루도 거르지 않고
서녘을 불살라 놓는
노을아

오늘만은 거르자

달이 차오르는데도
달포가 걸리더라
그 사랑
떠나보낼 시간은 줘야 하지 않겠니

씨알

제법, 씨알 굵은
눈이 내리는 아침

아름다우면서도 가벼운
가벼우면서도 아름다운
눈이
산들바람 타고
방향을 튼다

가벼운 존재란 걸 잘 아는 듯
후욱 입김에 진저리 치면서도
멀리 가질 못하는 멍에

모진 말 중에
가볍다는 소리는 듣고 싶지 않았던
지난 기억 속의 몸서리

여전히, 눈은 내리고
새털 같은 새하얀 산야
이 존재
누가 가볍다고 말할 수 있을까

산그리메

그늘 한 겹
숲으로 숨어든다

보이지 않는
그 한 겹
어디에도 없는 듯

시나브로 어슴푸레
숨탄것들
숨죽이게 하는
그 한 겹

저무는 녘
그 한 겹
층층 되어
거칠었던 삶

평안하라
평안하라
엄니 품 같은 산그리메
낳아둔다

봉선저수지

마음이 좁디좁아지거들랑
하던 일 멈추고
봉선저수지로 가볼 일이다

거기에 서서
한 방울의 물이
봉선저수지에 담기는 것을 지켜볼 일이다

민둥산밖에 없는
마산 삼월리 소야리 벽오리 신봉리 풀잎에
내려앉은 이슬마저
봉선저수지로 향하는 까닭을 알아볼 일이다

시초 후암리 풍정리 태성리 가가호호 쌀뜨물도
봉선저수지를 그리워하는 까닭을 느껴볼 일이다

봉선저수지 수문을 나서는 물의 당당함이 어디서 왔겠는가

길산천을 따라가다 보면
둔덕마다 들풀 한 포기 들꽃 한 송이

어느 것 하나 허튼 게 없다
이를 보며
당신 가슴이 아름답게 물드는 까닭은
그의 고운 빛깔을 받아들여서다

차마 당신 마음이 하늘빛으로 가득해서만 그러하겠는가

마산들 시초들 기산들 화양들
어르고 달래며 푸르름의 젖줄 적시는
그 당당함에는
바다를 품고 있어서다는 걸 알아챌 일이다

홀로 사랑

당신이군요
다시 만났네요
보고 싶었어요
좋아해요
또 뵐 수 있을까요

일상의 평범한 인사말인데도
당신 앞에서는 쉬이 나오지 않네요

이 마음이
평범하지 않아서 그런다는 것을
당신은
언제쯤에나 알게 될까요

목선

덩덩덩덩
그그그그
러러러러
니니니니

묶여있는
검버섯 핀 목선

술래잡기 나선 갈매기는 당당히 배꼽마당을 배회하고
펄털콩게는 도둑 걸음으로 그림자밟기에 빠져들고
바람 탄 바다는 어깨 들썩거리고
뭍은 마다하고

발 묶인 늙다리 몸
제자리만 맴돌다가
멍든 물결 따라
서녘으로 외튼다

장항 송림

　유리알 같던 시간이 곳간처럼 겹겹이 층층이 쌓인 사구^{砂丘} 송림. 세월이 얼룩으로 묻어나는 늙다리 소낭구. 그의 밑동에 난 움푹 팬 상처는 민낯처럼 창백하다. 그가 어깨를 툭 쳤다. 안아 보라고. 그래서 안았다. 다 안아지지 않는다. 그의 어깨는 넓었다. 그를 어루만져 보았다. 거칠다. 사방은 젊은 소낭구다. 그가 독백하듯 말했다. 일제강점기에 심어졌다고. 갯벌이 농토 된 날에 바람을 막기 위해서가 아니라 바닷모래를 막기 위해서라고. 모래의 시간을 멈춰 놓은 게 바로 자신이라고. 갯바람은 푸른 솔가지를 흔들어 그윽한 곰솔향 흩뿌려 놓건만 가슴속 심연, 늙어갈 수 없는 그 창백한 역사가 밀물처럼 밀려와 몸서리친다.

함부로 붉히지 마라

함부로 붉히지 마라
부끄러울 게 그리도 없다더냐

쌔고 쌘 게 거짓부렁투성인 세상 속
붉혀야 할 사람 넘쳐나는데
붉히는 사람 몇 없더라

가진 것 없는 민초
잡티에도 어쩔 줄 몰라 하여
잉걸불 되는 것 봐라

사람은 그리 사는 거다

인정

내민 손
잡아준 따스한 손

세상이 어지러워도
삶이 고달파도
속셈이 앞서도
누군가는 말없이
손을 잡아준다

무심히 전달 온 온기

세상 참
듬쑥한 살맛
자아낸다

새끼손가락 걸고 약속 하나 건다

손 내밀면
잡아주는 거다

풍경

메숲진 고찰
처마에 물고기가 노닌다

와볼 테면 와봐라
걸리지 않고는 못 배길걸
이 몸 모르게 지나갈 순 없을 테니까

보리수 나뭇잎을 건들며
바람이 숨어든다

어디 한 번 지킬 테면 지켜봐라
쥐고 새도 모르게 지나갈 테니까
차마 걸린다 한들
너 꼬리치는 소리에
스님들이 콧방귀나 뀔 성싶으냐

염불의 적막 속에
뻔뻔히 으름장 놓는
끝 모를 긴장감이 처마 끝에 걸려있다

정읍 황토현에서

곧추세운 울부짖음
서면 백산 되고
앉으면 죽산 된
삼남이 대동한
그날이 있었다

황포 입은 사람
하늘 걱정
땅 걱정
벗어본 적 없다 하건만
나라의 위태를 누가 불렀는가

들불처럼
황토현에서 우금치에 이르는
불잉걸 함성이
짓밟힌 절규가
강이 되고
산이 된
들꽃들

감색 띤 그날, 그날들
너와 나의 가슴에 물들이듯
새겨져야 할
이 땅, 들꽃들의 몸짓이었노라고

길을 나서다

길을 걷는다

막막하고 막연한 길
어제와는 다른 낯선 길
익숙하면서도 여전히 서툰 길
그냥 걸어도 되는 길
공짜인 듯 여겨지는 길
알려 하면 뿌옇게 보이는 길
가봐야 알게 되는 길
돌아보면 보이는 길
지금이 늘 시작점인 길

그 길을 나선다

딛는 걸음마다 풀꽃 씨앗 흩뿌리며
뿌옇게만 보이는 끝자락에 돌아볼 희망 밝혀놓고
가난한 봄길을 낸다

해루질

가만가만한 바람
먼바다를 잘박잘박 깨워
뭍으로

나는 덜 깬 채로
엉터리 까치발 세워
먼 데서 뭐가 오냐만

뜬구름 같던 갈매기
그 바람 품고
아득히 사위어져 가는 게
뭘 건졌나

가물가물한 물살
가외를 잘박잘박 해루질하며
이국적인 방언을 낳는데

나는 여전히
먼 데만 살피어
붓방아 찧는다

하현달

넌 자신을 내어주면서도
여린 모과꽃 같은 수줍던 미소 짓더라

나는
부스러기 같은 세상에 갇혀
긁어모으려 애쓰다 잃어버리게 된 것들을 마냥 알아채지 못하고
또 하나의 부스러기를 쥐더라

넌 어둠 속에서도
여린 모과꽃 같은 수줍던 미소를 짓고 있는데 말이야

한길

매화 핀 꽃길 따라 오르면
백두에 이르지요
단풍 든 산자락 따라 거닐면
한라에 다다르지요
꽃 같은 빛깔이 철마다 형형색색인 이 땅에 한길을 내지요
북으로 남으로 쉼 없이 오가는 바람은
이 산야는 나뉜 적이 없다고 해마다 말을 건네지요
한길 따라 반밖에 가지 못한 사람이
꽃구경 잘 다녔다고 하지요

이 산야의 색동은 한길로 백두에서 한라까지 오가는데 말이에요

이심전심

당신이 몰라서 그렇지
이름 없는 꽃은 없지요

개불알로
봄까치로
불리는 꽃이 있지요

부르고 불러보면
알게 되는 건
반기는 얼굴이
그 꽃밖에 없다는 것이죠

그 순간
이 세상에서 가장 곱다란
음색으로 들릴 테니까요

덤으로
당신의 얼굴에도
말간 꽃이 피어나지요

산벚꽃이 필 때면

그 도린곁에 산벚꽃이 필 때면
무명옷 입고
그의 곁에 나를 두어
오가는 바람에 흩뿌리는 너울거림을
옷자락에 오롯이 물들여 놓아
온 산야에 숫눈 흐드러지듯
헛헛했을 길에서 마주할 당신의 꽃이 되고 싶다

넋두리

산야에 핀 꽃 평범이라 지그시 바라봐야 꽃잎이 빛난다

가슴 안에 핀 꽃 그리움이라 살포시 부여잡고 놓아주질 않는다

얼굴에 핀 꽃 반가움이라 꼬오옥 껴안고 하늘을 본다 그 하늘 참 예쁘다

말도 안 되는 생각이 떠올랐다가 홀연히 사라지는 것들에 대하여는 안쓰러움이 없다

꽃을 보고도 무시하는 것이 그대만의 일인지 모르시만 그 꽃 낭신을 반긴다

낯꽃

넌 아주 작은 상처에는
호들갑 아파하면서
이 마음 아픈 거에는
두엄자리에 난 참외쯤으로 여기니
속상한 마음에
당분간 걱정의 낯꽃이 출몰할 거야
이 꽃에는
그윽한 향기는 없을 거다

물끄러미

탱자나무 그 꽃
조그맣고 하얗게 드러냈다
벙긋 다가가 보았지만 거기까지다
멋쩍은 거리다
더 이상 허락되지 않았다
그래서 멈췄다
조심히 바라만 봤다
어느 왕궁의 호위병처럼 날 선 창
폐 속까지 뾰족이 파고들 것 같다

그 애도 웃음 지을 땐 하얀 이가 다 보였지
다가갔지만 거기까지였어
참 멋쩍은 거리였지
더 이상 허락되지 않는 비애였지
그래서 멈췄어
나중에 안 사실이지만 상처받지 않으려 솔기 터진 성깔을
부렸다는 걸

탱자나무 그 꽃
몌별이 뭔지 알 길 없는 멋쩍은 거리 둔 채 바라만 봤다

제3부

시들지
않는 것은
붉다

홍원항 등대

그곳에 가면
잔잔히 깨우는 물결의 이랑 소리
애틋함으로 지난밤 떠나보낸 사랑이 온 듯하여
먼 곳에 눈을 두면 반물빛 띤 물비늘만
헛헛하게 파고드는데

그곳에 가면
어제와 같았을 손짓
뭍에 닿으려 분분하건만 그 사랑은 오지 않고
기다리는 마음 아득히 먼 물결 너머로
그리움만 흩뜨리는데

그곳에 가면
잔잔히 깨우는 물결의 이랑 소리에
속없이 내비친 구새된 아릿함만
뭍에 닿는다

축배

봄에는 볕이 점심이지요
찬으로는 성기게 오는 부슬비이지요.
가끔은 아지랑이가 손님처럼 들르지요
들녘에 핀 꽃잎들이 달보드레한 얼굴을 하면요
기꺼이 동냥아치가 되어
제비꽃 봄까치꽃 광대나물꽃 황새냉이꽃
망태기에 담아 그대의 작은 서재로 초대를 하지요
이제 시작詩作의 시간이지요
자! 만찬의 축배를 들어요

겨울나무처럼

그녀가 말했다
'당신은 겨울나무 같아'
그는 곰곰이
겨울나무…
겨울나무…
겨울나무…
와닿지 않는 나무다
자작나무나 해송 같다고 말했다면
은빛 찬란한 껍질을 가진 그 무엇이 되었거나
갯바람에 끄덕하지 않는 철갑을 두른 그 무엇이 되었을 거다
그녀가 말한 겨울나무를 도무지 알 수가 없다
그러한데도 점점 시린 것들을 말없이 견뎌내는 그 무엇이 되어 갔다
마치 겨울나무처럼

겨울 그리고 봄

꽃눈이 터오는 순간
고운 세상이 열리겠다 했건만
하늘을 본
그 꽃잎
이울진 얼굴빛을 띤다

화무십일홍

다 떨궈진
그 자리에 싹터온
햇살에 농익는 씨앗
또다시 홀연히 흩뜨린다

상고대 핀 그 자리

온몸
시려올수록
봄이
희망으로 움튼다

흠뻑

겨울 끝자락
정처 없는 건들바람에 살갗은 아련히 시려오건만
눕혀지고 벌거숭이 된 담갈색 들녘은
한 뼘의 볕일망정 바람난 듯 서툰 꽃망울 틔어내죠

들꽃들
아지랑이 피어오르려면 아직 멀었는데도
메말라 보지 않으면 알 수 없는 바다를 담은 눈망울로 마냥 피어나죠

남실바람에는
애잔히 자지러지듯 서걱거리는 몸짓으로
'꽃이네 꽃이었네'라고 듣게 되건 아니건
흠뻑 애쓰며 꽃물 드리우죠

볕이 든 돌담 아래
깜냥 눈부시게 핀 봄까치 곁에 아슬아슬한 봄이 와 있네요

가난한 시렁

 그 집 시렁은 그릇이 몇 개일 뿐. 굳이 구분해 본다면 그릇 외에 잔이란 이름이 존재하지 않았다. 불러본다면 밥그릇 국그릇 찬그릇. 이마저도 밥그릇이 국그릇으로 국그릇이 밥그릇으로 쓰이곤 했어도 이상할 게 하나 없었다. 그러한데도 제 이름으로 불렸다. 그 집 밥상에는 물 잔이 없다. 아버지께서 숟가락 내려놓으시면서 "물 가져오라" 하면 시렁에서 "그릇 하나"를 가져다드리면 됐다. 물만 담아낼 수 있다면 손에 잡히는 어느 그릇이든 잔이 됐다.

 아버지! 다 드셨어요? 물기 올려요.

나무가 커가는 데에는

나무가 커가는 데에 햇볕만 귀했겠습니까?

하늘은 수천 번 낯빛을 바꿔가며 나무의 성품을 귀하게 했을 것이요

바람은 소곤소곤 세상 돌아가는 이야기를 들려주며 시소 같은 균형감을 잡아줬을 것이요

소낙비는 간지럽힘처럼 찰나의 일탈이 안겨주는 시원함을 맛보게 해줬을 것이요

덤은 일순간으로 멈추는 것이 꽤 근사한 기억을 갖게 한다는 지혜도 깨닫게 해줬을 것이요

눈보라는 삶이 더 단단해지도록 온갖 시린 맛을 부리며 보늬 같은 철갑을 두르게 해줬을 것이요

창공은 나무 한 뼘 자라는 데에 스스럼없이 자신의 공간을 내어줬을 것이요

이 땅은 뿌리 둔 것들 커가는 데에 보이지 않는 공功 참 많이도 들이지요

그 덕德에 이 세상은 꽃 잔치 단풍 잔치가 벌어지죠

유희

작은 책상 귀퉁이
청록의 바다를 가진
병 하나

그가 비워져 가는 동안
갱지에 채워지는 낟알 같은 낱말들의 속삭임을 훔쳐보았을 것이다
투과되지 않은 소절에는 간 보듯 곰곰이 짐작해 보곤 했을 것이다
일그러진 오타는 그의 보색으로 인해 볼록하니 도드라져 보였을 것이다
원색 빨강이 무채색으로 비춰 그 어떤 감흥도 맛깔스럽진 못했을 것이다
파랑이 혐오스러운 채도로 다가와 자신마저 삼삼하진 않았을 것이다

그가 비워졌을 때 빨강 파랑이 보챈 반물빛 띤 구절과 기꺼이 마주했을 것이다

비로소 한 구절이 된 낟알들의 새뜻한 기쁨이 병 안 가득하다

청보리밭에서

사월의 저 몸짓을 보라
이 땅의 어깨에 올라
무너지지 않는 푸른 핏줄로 곧추세우는, 이 결기

이 땅의 바람에 쏠리는 광경을 보라
한시도 거슬러 눕지 않는, 이 운명

사월의 저 푸름들
바람 부는 대로 숙이어도
이 땅의 언 서릿발에는 눈 적이 없었다

상현달

넌 자신을 채워가면서도
모나지 않더라

보름만이라도 널 닮고프다

연인

그녀가 웃는다
나는 그녀를 보았다
웃고 있었다 그녀가
눈을 떠야 하는데
그녀가 웃는다
나는 그녀를 보았다
웃고 있었다 그녀가
눈을 떠야 하는데
그녀가 웃는다
나는 그녀를 보았다
웃고 있었다 그녀가
눈을 떠야 하는데
널빤지로 홈질해 둔 내 가슴 틈에 빛이 껴있었다
그녀가 웃는다
나는 그녀를 보았다
웃고 있었다 그녀가
눈을 떠야 하는데
좀먹어 바스러진 내 마음 안춤에 별이 있었다
그녀가 웃는다

나는 그녀를 보았다
웃고 있었다 그녀가
눈을 떠야 하는데
내 안에 봄바람 얹어진 꽃잎 같은 샘이 흘렀다
그녀가 웃는다

먼발치

눈뜨고 나니 사방이 봄이다
되려
먼발치의 봄이 애틋해진다

* 나의 작은형 형석으로부터 온 편지에서 발췌함

사랑, 그 유사어

꽃이 진다
바람이 지나갔다
누군가 바람이 꽃을 지게 했다고 했다
누군가는 그걸 사랑이라 했다
바람이 지나간 지 오래다
바람은 돌아오지 않았기에 누군가는 사랑이 떠난 거라 했다
바람이 사랑이었을까?
꽃을 지게 한 게 바람이라 했는데
바람은 사라지고 없다
꽃잎만 시든다
바람은 돌아오지 않았다
아아! 누군가는 사랑이 바람이라 했다
누군가에게는 사랑이 바람일 뿐이었을까?
이운 몸이 뒹군다
바람이 왔다
그 몸짓, 어둠이 깃든 기슭으로 잠든다

동행

꽃잎 피어놓고 간 바람
잡아둘 길이 없네

흐드러지게 핀 벚꽃
머물러둘 길이 없네

덧없음에도
세월, 흔적이 아니라
함께한 동행이었네

오춘기

마량 동백정 언덕
삭정이 된 가지에 피우지 못한 꽃봉오리
그 꽃, 부여잡고
몽니 부리고 싶은
늙다리 심정

넌 없어?

오십
그냥 지나가는 게 아니더라

겨울 감나무

뜰 안 감나무
나뭇잎 다 내려놓고 겨울날 채비를 마쳤다
나무들 수군거렸다
왜 놓질 못하고 붙잡고 있데?
참으로 대단한 관계야 하며 비웃었지만 아랑곳하지 않았다

숫눈 내렸다
가지마다 붉어진 꽃등 밝혔다
나무들 수군거렸다
왜 놓질 못했는지 알겠구먼 하면서도
참으로 대단한 관계야 하며 비아냥거렸지만 거들떠보지도 않았다

까치가 마실 왔다
지난한 겨울 살림에 인심은 사나워졌어도 귀한 손님 대하듯 기꺼이 제 살을 내어줬다
남겨둔 것 없는 나무들 하늘거리는 모습 모처럼 쓸쓸하겠지요

집을 나서다

'조심히 다녀와라'

어릴 적이나
다 큰 지금이나
한결같이
엄니는
집을 나서는 등짝에
든든한 호위무사를 붙여둔다

호랑가시나무 옆에서

가벼이 여겨
찔려놓고는 되려
가시가 있네! 하며
탓을 하더라

세상 가벼운 존재는 없다
네 마음이 가벼웠을 뿐

남포오석

한 번 새겨지면
천 년이 간다 하니
살아생전에는 척지어 새겨질 일 없이
하늘빛을 사랑하며
바람에 순응하며
붉어진 단풍잎처럼 놓을 때를 알 듯
자연으로 살으리라

발우

사무실 옆 느티나무에서 뭉근한 외침이
태산을 이루는 아침

'한 끼 근심 덜어줄까'로 시작한 일이
가진 것 없는 이 되어 탁발 나서니
숨탄것과 다를 바 없다

이 발우는 재 넘어 방앗간 댁 것이야, 오늘 거기 가면 안 돼!

보시받은 것을 마치 능력자처럼 베푼 것이
낯부끄러움을 자아내는 아침

저물녘에

저물녘이 붉힌다
덩달아 잉걸불 된 물결이 당신의 손짓처럼
내게로 일렁여 온다

가슴속에 잠든
기억 저 너머 잊혀진 음성이 너울처럼
실오라기 하나 걸치지 않은 붉어짐으로 깨어난다

시들지 않았던 것들
그리움이라는 시간을 잉태한 채
너에게로 일렁여 간다

저물녘이 한 움큼의 빛으로 남아있다
가느다랗게 아주 가느다랗게 실눈으로 담아둔 시들지 않는 것들
 마냥 붉다

허수아비 그리고 나

너처럼 살아볼 일이다

바람 불면 나부끼는 대로
눈 내리면 쌓이는 대로
자연스레 머문 것들
마다하지 않는 너처럼
부질없는 거에 마음 쓸 것 없이
살 맞대어 볼 일이다

지난 메별도
헤집어 놓을 것 없이
까슬한 보풀로 끌어안아 살아갈 일이다

세상일 그대로 사는 것도
때론 지독한 사랑이다

| 발문 |

길은 내어 가는 것이다

안 도 문학평론가

　가벼우면서도 가볍지 않은 느낌을 안겨주는 詩를 만나기란 쉽지 않다. 흔히 일상언어가 詩가 된다는 것은 간결하면서도 정제된 풍미가 낱알마다 살아있어야 가능한 일이다. 썼다고 해서 마냥 다 詩가 되는 것은 아니니깐 말이다. 그만큼 걸러내야 할 찌꺼기나 더께가 많다는 이야기다. 이를 잘 걸러내야 詩는 무겁지 않게 된다.

　　울 밑에 핀 부추꽃
　　집주인 마음 담아낸 듯
　　복욱하게 웃는다

　　그 집, 대문이 청색이다
　　색이 빛바래져
　　아무개네 집이 아닌 것 같아
　　낯설게 들어서면

마당을 가로지르는
널따란 돌이 징검다리인 듯
띄엄 띄엄
정갈히 놓여있다

그 걸음 뗄 때마다
바랭이 석류풀 질경이
환호의 파도 타듯
어깨를 으쓱거린다

대청마루에는
이빨 빠진 솔빗 자루
홀로다

거기에 앉아 있노라면
이따금
사람 그림자 닮은 모래 윤슬
은결 일렁이듯 훅 들어와
생뚱맞은 눈시울 붉혀놓는 것도
예전 그대로다

인기척만 없을 뿐
다들 잘 있더라

― 「빈집」 전문

부추꽃이 보인다. 하얗다. 그 집 대문이 보인다. 청색이다.

그런데 빛이 바래있다. 세월의 흔적인 것 같지만 그렇지 않다. 사람의 손이 닿지 않아서다. 그 집 마당은 어떠한가. 잡초가 많다. 그런데도 친근한 풀이다. 바랭이 석류풀 질경이가 손님 맞이를 한다. 이 또한 아이러니하게도 사람의 손이 닿지 않았음을 암시하고 있다. 이빨 빠진 빗자루와 은결 일렁이는 모래 윤슬에 붉혀놓는 눈시울은 정다웠던 옛일을 떠올려 놓는다. 기억을 자극하는 데에 이만한 촉진제는 없을 듯싶다. 인기척이 없다. 사람이 없다는 것은 살지 않는다는 것. 옛집의 현실을 극명하게 드러내면서도 옛 정취를 도드라지게 그려낸다. 시인은 향토적이면서 서정적인 시어들을 수놓듯 열거하면서 잔잔한 숨을 이끈다.

> 그 도린곁에 산벚꽃이 필 때면
> 무명옷 입고
> 그의 곁에 나를 두어
> 오가는 바람에 흩뿌리는 너울거림을
> 옷자락에 오롯이 물들여 놓아
> 온 산야에 숫눈 흐드러지듯
> 헛헛했을 길에서 마주할 당신의 꽃이 되고 싶다
> ―「산벚꽃이 필 때면」 전문

세속에 묻혀 힘들어하는 모습이 내포되었을까? 헛헛했을 길에서 마주할 당신은 누구인가. 그를 위해 꽃이 되고 싶다고 갈망하지만 실제로는 자신은 꽃이 아니다. 그저 한 사람일 뿐이다. 그래서 자신을 비우고 비워 꽃을 담아둘 공간을 만든다. 누군가를 사랑하게 되면 그런 사람이 되는 것일까. 무명옷처럼 비우고 비워졌기에 헛헛했을 길에서 마주할 당신을 오롯이 담아낼 것 같다. 시인의 고요하고 올곧은 마음씨는 언제나 인생과 삶의 멋진 조화를 흔들리지 않은 저울추처럼 균형 잡는 듯싶다.

   나, 다시 태어난다면
   저처럼 와서
   원 없이
   하적거리며 살란다

   어깨에 걸친
   무게가 버겁다 한들
   매일반인 것같이
   그윽하게 향기 자아내며 살란다

   빨래 걷어진 자리에는
   하늘 걸쳐놓고
   무념으로 하적거린들
   볼썽사나운 게 뭐 있겠는가

   이따금 고추잠자리에게
   우듬지 내주어
   함께 하적거리는 것 또한 즐겁지 않은가
                             ―「바지랑대」 전문

시인의 시어들에는 자연적 전령을 도입하여 詩의 문장이 목가적이다. 여기에서 우리는 때 묻지 않은 자연주의 서정을 발견한다. 작품 속 이중구조 장치로 말미암아 이미지네이션으로 끌어올리는 앙상블 시학이 단연코 돋보이는 백미다.

시와 산문이 다른 점은 詩가 지니고 있는 함축성 때문이다. 詩는 평면적인 글을 의미전환 시키거나 이미지화해서 그 속에 새로운 의미를 갖게 해준다. 시인의 詩에서는 다양한 수사법(은유, 상징, 역설, 알레고리, 아이러니 등)을 사용하는 것도 평면적인 글을 입체적이고 함축적인 글로 연금술을 부린다.

곧추세운 울부짖음
서면 백산 되고
앉으면 죽산 된
삼남이 대동한
그날이 있었다

황포 입은 사람
하늘 걱정
땅 걱정
벗어본 적 없다 하건만
나라의 위태를 누가 불렀는가

들불처럼
황토현에서 우금치에 이르는

불잉걸 함성이
짓밟힌 절규가
강이 되고
산이 된
들꽃들

감색 띤 그날, 그날들
너와 나의 가슴에 물들이듯
새겨져야 할
이 땅, 들꽃들의 몸짓이었노라고
　　　　　　―「정읍 황토현에서」 전문

시인의 발걸음이 멈춘 곳이 정읍이다. 정읍은 동학이 살아 숨 쉬는 곳이다. 그곳에서 시인은 깃발 하나를 보았을 거다. 그 깃발 아래 모여든 농민의 함성을 들었을 거다. 그래서였을까. 시인은 올곧음을 곧추세운다. 역사를 살핀다. 그날그날의 짓밟힌 절규를 그래서 새겨야 할 것이 뭔지를 말한다. 이 땅의 이름 모를 들꽃들의 몸짓이라고. 참으로 암담하다. 외세와 맞서야 할 상황에서 몸밖에 없으니 이 일을 어찌할꼬. 기필코 맨몸이라도 던져 지켜내고자 했던 동학민의 울부짓음을 시인은 천년이 흘러가도 잊히지 않도록 깊이 새겨지기를 간절히 바랄 뿐이다.

그 집 시렁은 그릇이 몇 개일 뿐. 굳이 구분해 본다면 그릇 외에 잔이란 이름이 존재하지 않았다. 불러본다면 밥그릇 국그릇 찬그릇. 이마저도 밥그릇이 국그릇으로 국그릇이 밥그릇으로 쓰이곤 했어도 이상할 게 하나 없었다. 그러한데도 제 이름으로 불렸다. 그 집의 밥상에는 물 잔이 없다. 아버지께서 숟가락 내려놓으시면서 "물 가져오라" 하면 나는 시렁에서 "그릇 하나"를 가져다드리면 됐다. 물만 담아낼 수 있다면 손에 잡히는 어느 그릇이든 잔이 됐다.

아버지! 다 드셨어요? 물기 올려요.
—「가난한 시렁」 일부

이 詩는 축문이다. 서정의 근본 형식이 회감이라고 한다. 단지 돌아본다는 것은 사전적 의미에 불과할 거다. 심성을 일깨우고 바로 세운다면 시적인 서정으로 다시 태어나는 것일 거다. 지난한 삶의 중심에 아버지는 기둥이다. 그 시절에는 구색 갖춘 식기는 찾아보기가 어려웠을 거다. 그 상황들을 에둘러 시렁 위에 놓인 그릇에 견주어 자식들의 쓰임을 다용도로 키울 수밖에 없었던 아릿함이 스쳐 지나간다. 그 자식들이 이 세상에 나와 어떤 역할을 해냈을지 눈에 선하게 그려놓는다. 화자가 상 위에 올린 그 물기가 어느 그릇이었을까 하는 궁금증도 詩의 생명력을 찬미하게 한다.

나무가 커가는 데에 햇볕만 귀했겠습니까?
하늘은 수천 번 낯빛을 바꿔가며 나무의 성품을 귀하게 했을 것이요
바람은 소곤소곤 세상 돌아가는 이야기를 들려주며 시소

같은 균형감을 잡아줬을 것이요
  소낙비는 간지럽힘처럼 찰나의 일탈이 안겨주는 시원함을 맛보게 해줬을 것이요
  덤은 일순간으로 멈추는 것이 꽤 근사한 기억을 갖게 한다는 지혜도 깨닫게 해줬을 것이요
  눈보라는 삶이 더 단단해지도록 온갖 시린 맛을 부리며 보늬 같은 철갑을 두르게 해줬을 것이요
  창공은 나무 한 뼘 자라는 데에 스스럼없이 자신의 공간을 내어줬을 것이요
  이 땅은 뿌리 둔 것들 커가는 데에 보이지 않는 공功 참 많이도 들이지요
  그 덕德에 이 세상은 꽃 잔치 단풍 잔치가 벌어지죠
―「나무가 커가는 데에는」 전문

시인은 대자연과의 동행을 통해 더불어 사는 삶을 꿈꾼다. 질퍽한 화두를 던진다. 네가 혼자 컸느냐고. 단언컨대 뭔 답을 들으려고 한 물음인지 안다. 그러한데도 인간의 심리적 자만이란 것이 역행을 불러일으킨다. 자기애에 빠지곤 하니 그러하다. 그래서 시인은 자연처럼 더불어 동행하는 삶을 넌지시 건넨다. 이 詩는 참으로 감미롭다. '나무'를 '나'로 바꾸어 소리 내어 낭독하면 나를 키워준 무수한 영상들이 파노라마처럼 펼쳐진다. 시인은 감성적 시어들을 소박하게 늘어놨지만 이를 읽어내는 이의 심성은 깊고 깊은 곳에 닿아 자신을 정갈하게 해놓는다. 마냥 스스로 뭘 해야 하는지를 생각하게 하니 이보다 좋은 글 잔치는 없을 듯싶다.

사무실 옆 느티나무에서 뭉근한 외침이
태산을 이루는 아침

'한 끼 근심 덜어줄까'로 시작한 일이
가진 것 없는 이 되어 탁발 나서니
숨탄것과 다를 바 없다

이 발우는 재 넘어 방앗간 댁 것이야, 오늘 거기 가면 안 돼!

보시받은 것을 마치 능력자처럼 베푼 것이
낯끄러움을 자아내는 아침
—「발우」 전문

 어느 삶이든 함부로 범접할 수 없는 흔적과 자취가 스며 있다. 詩의 시어들을 통해 시인의 마음을 읽어내는 것 자체가 범접할 수 없는 것이다. 시어들은 읽는 자 자신의 심성을 일깨운다. 그 시어들은 내적 갈등과 화해 그리고 조화를 소리 없이 겪어내면서 곧게 읽어낼 수 있게 한다.
 한때 시인은 망태를 들고 꽃을 구하려 들녘을 다녔다. 그리고 시인은 발우를 들었다. 자신을 드러내는 그릇이겠지만 타인의 그릇이기도 하다. 그 그릇에 담아낸 것이 자신의 소유인가에 대해 시인은 부끄러움으로 고백한다. 보시 중에서도 재시를 받아 선을 행하는 것에는 누구나 갈채를 보낼 것이다. 그런데도 내적으로는 시인의 심성에 갈등이 인다. 이를 통해 스스로 '보시'를 분별해 내면서 단절해야 할 것이 뭐인지를 스스로 찾아낸다. 시인은 이 詩를 통해 그 누구도 함부로 말할 수 없는 개인의 독자성과 개별성을 스스로 자문하듯 말 건넨다. 이만한 넛지는 없을 듯싶다. "이 발우는 재 넘어 방앗간 댁 것이야, 오늘 거기 가면 안 돼!/ 낯부끄러움을 자아내는 아침" 가벼우면서 간결한 절정의 심적 묘사를 통해 독자 스스로 곧은 성찰의 길을 내게끔 이끈다.

　　가만가만한 바람
　　먼바다를 잘박잘박 깨워
　　뭍으로

　　나는 덜 깬 채로
　　엉터리 까치발 세워
　　먼 데서 뭐가 오냐만

　　뜬구름 같던 갈매기
　　그 바람 품고
　　아득히 사위어져 가는 게
　　뭘 건졌나

　　가물가물한 물살
　　가외를 잘박잘박 해루질하며
　　이국적인 방언을 낳는데

나는 여전히
먼 데만 살피어
붓방아 찧는다

　　　　　　　　　―「해루질」전문

뭍에 닿는 물결을 상상해 본다. 거친 물살이다. 한데 먼바다를 깨우는 것은 가만가만한 바람이다. 우리를 깨우는 것이 뭐였을까. 거친 손이었을까. 나지막한 소리였을까. 시인은 우리가 먼 데서만 찾으려는 심리적 상태를 여과 없이 일상언어 '까치발'로 표현한다.

실망스럽게도 뭍에 닿은 건 이국적인 방언이다. 이보다 더 절망적인 심리적 교착상태는 없을 듯싶다.

'해루질'은 자신을 깨우는 시적인 언어다. 이 낟알이 시인에게는 글감이다. 그 글감이 뜻밖에도 가까운 데에 있다. 그러한데 시인은 자조 섞인 읊조림으로 '붓방아 찧는다'라며 자신을 힐책한다. 이는 시인들 대개의 모습이다.

길을 걷는다

막막하고 막연한 길
어제와는 다른 낯선 길
익숙하면서도 여전히 서툰 길
그냥 걸어도 되는 길
공짜인 듯 여겨지는 길
알려 하면 뿌옇게 보이는 길

가봐야 알게 되는 길
돌아보면 보이는 길
지금이 늘 시작점인 길

그 길을 나선다

딛는 걸음마다 풀꽃 씨앗 흩뿌리며
뿌옇게만 보이는 끝자락에 돌아볼 희망 밝혀놓고
가난한 봄길을 낸다

―「길을 나서다」 전문

누구나 걷는 길이지만 시인의 말처럼 '막연하고 낯설고 서 툰' 길이다. 이 길 위에 인생이 쓰인다. 이는 이분될 수 없는 자연의 시간처럼 시인은 자연스레 주어진 삶을 '그냥' 그리고 '공짜인 듯'이라고 거침없이 말한다. 되짚어 보면 '그냥' '공짜'라 해서 진정 '공짜이고 그냥'의 길이었던 적이 있던가. 결단코 '아니었고 아닐 수밖에 없다'는 것을 독자는 안다. 그만큼의 생을 지불하기에 그러하다.

시인은 삶에서 자아라는 성찰의 여과를 통해 '가봐야 그리고 돌아봐야' 보이는 길이라고 말한다. 생의 한가운데를 가로지르는 삶은 뫼비우스의 띠처럼 마치 처음과 앞만 있다. 한데 돌아보면 길이 보인다. 누구나 수긍하듯 끄덕이게 한다. 여기에서 詩作이 멈췄다면 이 詩는 분명 수필이 되었을지 모른다. 그런데 시인은 시인으로서 자아의 본질을 구분 짓고 변별하여 '지금이 늘 시작점인 길'이라 말을 툭 던진다.

지금껏 걸어온 길이 눈 녹듯 사위어진다. 다시 길을 내어야 한다. 또다시 씨앗을 흩뿌리며 가난한 봄길을 낸다. 먼 훗날에 돌아보았을 때, 만나게 될 흐드러지게 핀 풀꽃들. 이를 시인은 희망으로 밝혀둔다. 이처럼 시인의 詩에는 가슴을 데워주는 곱다란 서정이 산다.

이든시인선 139
시들지 않는 것들
ⓒ 채영석, 2024

발행일	2024년 5월 10일
지은이	채영석
발행인	이영옥
편집인	송은주
펴낸곳	도서출판 이든북
출판등록	제2001-000003호
주 소	대전광역시 동구 중앙로 193번길 73
전화번호	(042)222-2536	팩스(042)222-2530
전자우편	eden-book@daum.net
카 페	https://cafe.daum.net/eden-book
공급처	한국출판협동조합
	전화 (02)716-5616 (031)944-8234~6

ISBN 979-11-6701-286-9 (03810)
값 11,000원

* 이 책의 판권은 지은이와 이든북에 있습니다.
* 이 책 내용의 전부 또는 일부를 재사용하려면 반드시
  양측에 서면 동의를 받아야 합니다.

* 이 책은 충남문화관광재단의 2024년 충남문학예술지원사업비를
지원받아 발간하였습니다.